LA CORSE

ET

LA FRANCE

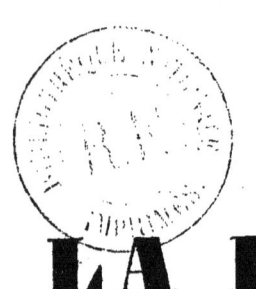

BASTIA
DE LA TYPOGRAPHIE OLLAGNIER

1870

LA CORSE ET LA FRANCE

I.

> J'aime ces fiers insulaires. Il y a de
> l'étoffe dans ces caractères là.
> J.-J. ROUSSEAU.

L'histoire nous dit qu'à une distance de plus d'un siècle, la Corse était une nation indépendante et libre avec un gouvernement issu de la volonté nationale, des institutions en rapport avec les besoins, les aspirations, le caractère et les mœurs de ses habitants, une magistrature intègre et énergique, des lois sages. Mais tout à coup cette nation disparaît pour se fondre dans une autre. La France, qui depuis longtemps convoitait la possession de cette île, proche de la Provence, nécessaire à la sûreté de ses côtes, à celle du port de Toulon, du commerce de Marseille, et à une facile communication par mer entre les états de la maison de Bourbon, la France détruit ce gouvernement et s'annexe la Corse. La chose ne se fit pas sans quelques difficultés, mais elle se fit, et comme les *plébiscites* n'avaient pas encore été inventés la question fut tranchée par la force du sabre.

II.

Nous n'avons pas à faire ici le récit des événements dont cette dernière période de l'histoire de la Corse est remplie. Un tel sujet nous amènerait trop loin du but que nous nous sommes proposé. Il nous suffira de dire qu'il fut un jour, où une nation de trente millions d'habitants, usant et abusant de sa force, osa, au mépris des droits et des principes les plus sacrés, étouffer dans une sanglante étreinte, la liberté à peine naissante de trois cent mille insulaires.

Oui, nous pouvons le dire hautement et avec un légitime orgueil, la Corse n'est devenue un département du grand empire français qu'à la suite d'une lutte inégale qu'elle soutint vaillamment jusqu'au bout. Nos pères n'ont pas fait devant Louis XV ce que le fier Sicambre fit devant l'évêque de Reims, ils n'ont pas baissé la tête, ils ont tenu haut et ferme le drapeau de leur liberté. En d'autres termes, l'indépendance de la Corse n'a pas disparu dans une soumission aveugle et volontaire ; elle a sombré dans un désastre. Pontenovo ne marque pas la date de l'abdication de ses droits, mais bien celle de sa dernière défaite.

III.

De quoi maintenant la Corse est-elle redevable envers la France ? Nier qu'elle ne lui doive rien, c'est nier l'évidence ; mais prétendre qu'elle lui doive beaucoup, c'est également émettre une opinion complétement contraire à la vérité. Les faits sont là. Que nous disent-ils ? Que depuis cent ans que la Corse est française le nombre des améliorations et des bienfaits dont elle a été comblée se réduit à un chiffre à peu près insignifiant. Nous n'exagérons rien, nous constatons.

Contrairement aux affirmations, faciles à expliquer du reste, des écrivains français, la Corse est peut-être de tous les départements de la France ancienne et moderne, celui qui jusqu'à ce jour a le moins pesé sur le budget. Aucun des gouvernements qui se sont succédés en France depuis 89, n'a satisfait à ses besoins dans des bornes raisonnables. La Corse ne doit rien à la Révolution, si ce n'est le décret qui la déclare partie intégrante de la monarchie française, un acte dicté à l'Assemblée nationale par des considérations sur lesquelles nous n'avons pas à nous arrêter, et dont toute l'influence sur les destinées de notre île, n'a pas eu d'autre résultat que de lui créer la situation qu'elle subit. Notre île doit encore moins à Napoléon. Celui-ci l'oublia complétement, et sans le magnifique cadeau qu'il lui fit un jour du général Morand, on eut été assez embarrassé pour y constater les traces du règne du grand capitaine.

La Restauration ne s'en soucia pas davantage; elle laissa la Corse telle qu'elle la trouva, pauvre et livrée aux discordes intestines. Le Gouvernement de juillet se montra moins indifférent, mais toute sa sollicitude pour les intérêts de l'île n'alla pas au-delà de quelques millions pour l'ouverture de nos routes. Le second empire n'a pas non plus accompli en Corse les merveilles qu'on veut bien lui attribuer.

Ainsi que l'a si bien fait remarquer un Bonaparte lui-même, l'empire a plus fait pour les Corses que pour la Corse, ce qui signifie que la somme de bien général que notre île doit au gouvernement impérial se réduit à des proportions restreintes. Mais mise en présence de celle qui lui a été distribuée par les gouvernements précédents, elle est considérable. Nos forêts ont été exploitées, nos ports agrandis; nos routes multipliées, nos marais en partie desséchés, l'agriculture encouragée, en un mot la situation de notre pays a été améliorée.

IV.

Aussi, la chute du gouvernement impérial a-t-elle produit en Corse une impression douloureuse et profonde. La nouvelle du coup d'Etat du 4 septembre ne s'est pas plutôt répandue au milieu de nos populations, qu'un deuil immense s'est étendu sur toute l'île, l'enveloppant comme dans un linceuil funèbre. N'en déplaise aux adorateurs du pouvoir nouveau, ces paysans auxquels l'honorable M. Farinole nie toute notion du *juste* et de l'*injuste* ont été admirables de reconnaissance et de patriotisme.

Devant l'immense désastre dans lequel l'empire a sombré, leur conscience s'est refusée à une indifférence honteuse, et plus conséquents que tous ces... ils n'ont pas brisé le lendemain leur idole de la veille. Eux du moins se sont souvenus. Bonapartistes le 8 mai, ils n'ont pas donné au monde le triste spectacle de se dire républicains le 4 septembre. En face du drapeau de la Révolution arboré à l'Hôtel-de-Ville de Paris par les hommes de la gauche, ils n'ont pas mis le leur en poche. Que d'autres trouvent cette conduite téméraire ou insensée c'est leur droit, nous nous la trouvons sublime.

V.

D'où vient maintenant que cette noble et fière attitude ait provoqué contre notre pays les colères et les malédictions des organes les plus importants et les plus répandus de la presse française? D'où vient que presque tous les fonctionnaires Corses appartenant à toutes les branches de l'administration, ont été renvoyés, expulsés du continent français? D'où vient que d'autres ont été l'objet d'insultes et de persécutions injustifiables? D'où vient toute cette haine contre un peuple qui compte plus de vingt-cinq mille de ses enfants dans les rangs de l'armée française? Le gouvernement du 4 septembre voudrait-il refuser à la Corse le droit de se montrer reconnaissante envers un gouvernement qui lui a donné quelques preuves de sa bienveillance, ou bien voudrait-il faire retomber sur elle la responsabilité des malheurs qui frappent la mère-patrie ?...

VI.

Après tout, ce gouvernement du 4 septembre dont la Corse n'a pas cru devoir fêter l'avènement, n'est pas que nous sachions un gouvernement légitime. Jusqu'à ce jour, il n'est qu'un gouvernement *d'occasion*, dicté à la nation stupéfaite par la multitude de Paris toujours avide de changements.

La nation n'a pas été consultée, elle a été surprise. Le Corps législatif n'a pas voté la déchéance ainsi que le prétendaient, le lendemain, les dépêches officielles du gouvernement provisoire. Il n'y a eu ni délibération ni scrutin. Les députés n'étaient pas réunis en séance publique quand la foule a envahi la salle, la majorité ne s'est pas éclipsée, comme a bien voulu le dire M. de Kératry, préfet de police ; en un mot il y a eu violation d'un droit souverain, indiscutable et pas autre chose.

VII.

Mais, nous dira-t-on, l'origine du gouvernement qui vient de tomber était-elle plus légitime ? Ne constituait-elle pas, au contraire, elle aussi, une violation flagrante d'un droit constitutionnel émanant directement de la volonté populaire? Oui, par le coup d'Etat du 2 décembre, Napoléon III avait détruit ce qu'il n'appartenait qu'à la nation seule de détruire ou de modifier.

L'acte du 2 décembre fut une illégalité. Mais ce qui est également vrai, c'est que la nation française avait ratifié par son vote cette illégalité commise par le prince Napoléon, lequel du reste avait été porté à la première magistrature de la République par dix millions d'électeurs, et cela à une époque où les ressorts de la machine administrative fonctionnaient pour le compte d'autres.

En mai dernier, plus de sept millions de voix se prononçaient encore pour l'empire. Que les philosophes de l'opposition n'aient vu dans cette dernière manifestation de la pensée nationale qu'une manifestation *rurale*, c'est possible, nous, nous n'y voyons que la condamnation des principes mêmes qui ont prévalu à Paris dans la journée du 4 septembre.

VIII.

Il est incontestable et incontesté que la base sur laquelle doit reposer un gouvernement républicain ne peut être autre que la volonté nationale. Nier cette vérité, c'est évidemment enlever au mot République, *rex publica*, sa signification véritable, et lui reconnaître une autre origine que la liberté et le droit. Il n'y a que les gouvernements personnels ou tyranniques qui peuvent naître de la violence et de l'arbitraire et se maintenir par eux. Un gouvernement réellement républicain, ne doit et ne peut exister qu'en vertu de la volonté nationale. S'il existe autrement, ce n'est plus un gouvernement républicain, c'est un gouvernement arbitraire contre lequel le devoir de tout bon citoyen est de protester par tous les moyens que la loi met à sa disposition.

Les droits d'une nation sont inviolables, et sa volonté ne doit en aucun cas être subordonnée à celle de quelques individualités plus ou moins importantes. Or tout ce qui a été fait en France depuis quarante jours est la négation même des principes fondamentaux de toute république. Le suffrage universel, dont le régime républicain revendique pourtant la paternité, le suffrage universel a été outrageusement violé, méconnu. La volonté de quelques hommes l'a remplacé en tout et partout. Aussi nous ne dirons pas *amen*.

IX.

Les traditions de la Corse sont républicaines. Depuis Sambucuccio jusqu'à Pascal Paoli, elle a constamment lutté pour la liberté. Il fut même un jour où pendant que l'Europe subissait en silence le joug des principes les plus absolus, la Corse était en possession de toutes ces libertés politiques et civiles. Mais c'est précisément parce que la Corse aime et comprend la liberté, qu'elle réprouve énergiquement les coups d'État qui en sont la négation péremptoire et violente. En proclamant la déchéance du gouvernement impérial, le peuple de Paris a cru exécuter une *sentence depuis longtemps rendue par l'opinion publique*; aux yeux des Corses, il n'a commis qu'un acte d'illégalité d'autant plus grand, que la nation française avait donné la veille à l'empire la plus grande preuve de sympathie qu'il fut possible de lui donner.

X

Mais le moment n'est pas encore venu de discuter sur ce sujet. Il est à cette heure, une question plus grave qui doit dominer sur toutes les autres et à la solution de laquelle tout le monde doit travailler dans la mesure de ses forces. Cette question est l'expulsion de l'ennemi. Sur ce point la Corse doit se trouver en communauté de sentiments avec la France. Porter la désunion en de telles circonstances serait plus que crime ce serait de la lâcheté.

On n'abandonne pas un drapeau sur le champ de bataille; on meurt. Armons-nous donc de résolution virile et de mâle énergie, et que d'un bout à l'autre de l'île un seul cri s'échappe de toutes les poitrines: mort aux Prussiens!

XI.

Mais une fois la guerre finie, quelle doit-être la conduite de la Corse à l'égard de la France ? Doit-elle continuer à subir le fait *accompli*, ou bien doit-elle revendiquer son indépendance ? Nous croyons que ce dernier parti est celui qu'il lui convient de prendre, par cela même qu'il est le plus digne. Insultée, baffouée, vouée aux gémonies par la presse française, son honneur et sa dignité lui commandent impérieusement cette résolution virile.

Il lui faut répondre par un grand acte de politique nationale aux injures imméritées dont on l'accable; il lui faut enfin briser avec une tradition de cent ans, pour reprendre celles de cent siècles. Traditions nobles, s'il en est, et dont, par conséquent, elle a le droit de se montrer fière.

XII.

Inutile de dire que la Corse ne doit et ne peut réclamer cette restitution de ses droits confisqués que par l'organe de ses mandataires. Recourir à la force serait une tentative impossible et insensée. Pontenovo est là pour le prouver. De là, la nécessité pour elle de n'investir de sa confiance aux prochaines élections pour la constituante, que des hommes capables de s'acquitter honorablement de cette mission. Ces hommes nous n'avons pas à les désigner, c'est aux électeurs à les savoir choisir.

Maintenant que la France fasse ou non droit aux légitimes aspirations de la Corse ; qu'elle rejette ou non son pourvoi contre l'arrêt inique rendu contr'elle par le roi Louis XV, il n'en sera pas moins dit que ces fiers insulaires ne sont pas encore descendus assez bas pour se montrer insensibles aux blessures profondes faites à leur amour-propre national, et que si la fortune rebelle a voulu qu'ils devinssent les très humbles tributaires d'une grande puissance étrangère, ils n'en ont pas moins conservé au fond de leur âme le vif sentiment de leur indépendance et de leur dignité.

XIII.

Eh quoi ! nous les enfants de Sambucuccio, de Sampiero, de Ceccaldi, de Giafferi, de de Paoli, nous les descendants des premiers apôtres de la liberté en Europe, nous nous voilerions la face devant le mépris insolent de nos dominateurs, et refoulant au fond de l'âme tout sentiment de légitime indignation nous justifierons par une indifférence leur attitude à notre égard? Non, cela ne peut pas être, cela ne sera pas.

D.-M. DE BUTTAFOCO.

www.ingramcontent.com/pod-product-compliance
Lightning Source LLC
Chambersburg PA
CBHW061622040426
42450CB00010B/2612